WAS IST WAS
Junior

Mitmach-Heft
Unsere Erde

TESSLOFF

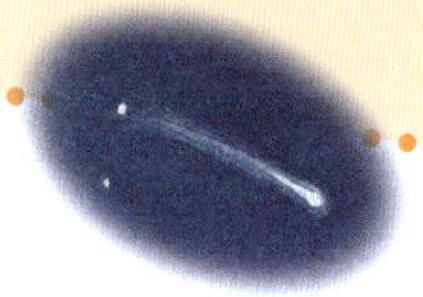

Wissenschaftler

schätzen das Alter unserer Erde auf 4,5 Milliarden Jahre – eine unvorstellbar lange Zeit. Verglichen mit dem Weltall ist die Erde aber noch recht jung. Vermutlich entstand sie aus einer gewaltigen Wolke aus Staubteilchen und Gas, die sich zu einem glühenden Klumpen verbanden. Als diese Kugel abkühlte, sammelte sich Regen. Im Wasser entwickelte sich allmählich das erste Leben.

Aus einer Wolke aus Gas und Staub bildete sich eine glühende Kugel.

? Setze die fehlenden Planetennamen ein! Der Text rechts hilft dir dabei.

Zusammen mit sieben anderen Planeten umkreist die **Erde**, der Blaue Planet, die Sonne. Einer unserer direkten Nachbarn ist der **Mars**. Am weitesten von der Sonne entfernt zieht der **Neptun** seine Bahnen um die Sonne.

1) _ _ _ _   2) _ _ _ _ _   3) _ _ _ _ _ _ _

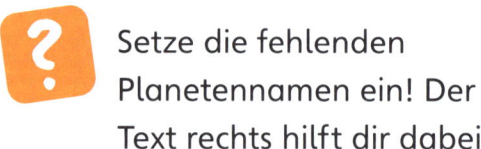

Uranus

3

Saturn

2

Jupiter

1

Venus

Merkur

Die Erde dreht sich um ihre eigene Achse. Diese Achse kannst du dir wie eine Linie von oben nach unten mittig durch die Erdkugel vorstellen. Da die Erdachse geneigt ist, treffen die Sonnenstrahlen in jeder Jahreszeit etwas anders auf die Erde. Je mehr Sonnenstrahlen auf die Erdoberfläche treffen, umso wärmer ist es.

 Welche Blumen wachsen zu welcher Jahreszeit? Klebe die passenden Sticker ein!

Frühling

Sommer

Herbst

Winter

Landflächen und Meeresflächen

veränderten ihre Lage im Lauf der Erdgeschichte immer wieder. Auch heute noch wandern die Platten der Erdkruste jedes Jahr ein kleines Stück.

Male die Tiere aus den verschiedenen Erdzeitaltern aus!

Erdfrühzeit (vor vier Milliarden bis 542 Millionen Jahren): Im Meer leben Algen, Seefedern und Quallen.

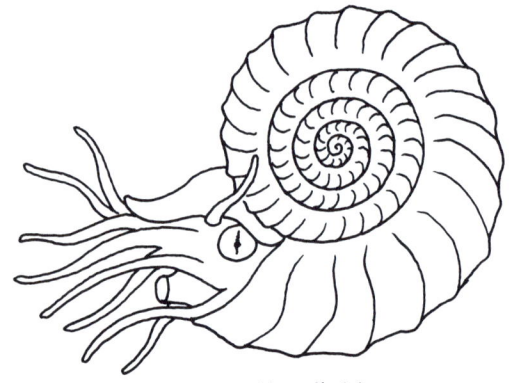

Nautiloid

Erdaltertum (vor 542 bis 251 Millionen Jahren): An Land gibt es Riesenlibellen und die Echse Hylonomus.

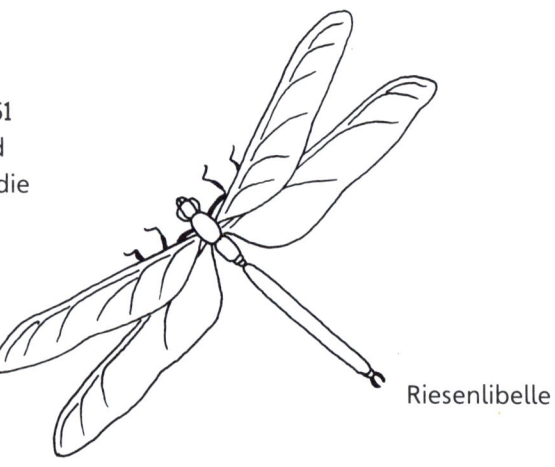

Riesenlibelle

Erdmittelalter (vor 251 bis 65 Millionen Jahren): Die Zeit der Dinosaurier; es gibt schon die ersten Säugetiere.

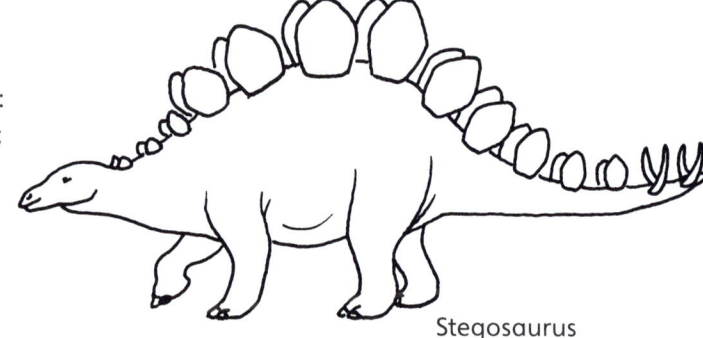

Stegosaurus

Erdneuzeit (vor 65 Millionen Jahren bis heute): Menschen wie uns gibt es erst seit etwa 160 000 Jahren.

Säbelzahntiger

 Löse das Sudoku mithilfe der Sticker! Aber aufgepasst: Jedes Bild darf in einer Reihe, in einer Spalte und in einem Viererfeld jeweils nur einmal vorkommen!

Was hat der Forscher gerade ausgegraben? Zeichne seine atemberaubende Entdeckung!

? Der größte Teil der Erdoberfläche ist von Wasser bedeckt. Sieh genau hin – jeweils ein Bild passt nicht in die Reihen! Die Texte geben dir Tipps.

1. Seepferdchen    Alligator    Schwertwal    Sternkugelfisch

Lauter Meeresbewohner, aber wer gehört nicht dazu?

2. Viperfisch    Anglerfisch    Pelikanaal    Trompetenfisch

Fast alle Tiere leben in der Tiefsee, nur eines nicht.

3. Kaiserfisch    Karpfen    Pinzettfische    Zebramuräne

Viele Korallenbewohner, nur ein Süßwasserfisch hat sich dazugemogelt.

4. Riesenmanta    Makrelen    Tauchboot    Fliegende Fische

Und was hat sich hier eingeschlichen?

5. Tümmler    Seeteufel    Schwertfisch    Kuhfisch

Das Säugetier passt nicht zu den Fischen.

Gewaltige Rochen, gefährliche Haie und lustige Delfine sind in den weiten Meeren unterwegs.

 Male die Unterwasserwelt mit ihren faszinierenden Tieren und Pflanzen bunt an.

Schon gewusst?

Meeresschildkröten wandern lange Strecken durch die tropischen und subtropischen Meere und folgen dabei auch den Meeresströmungen.

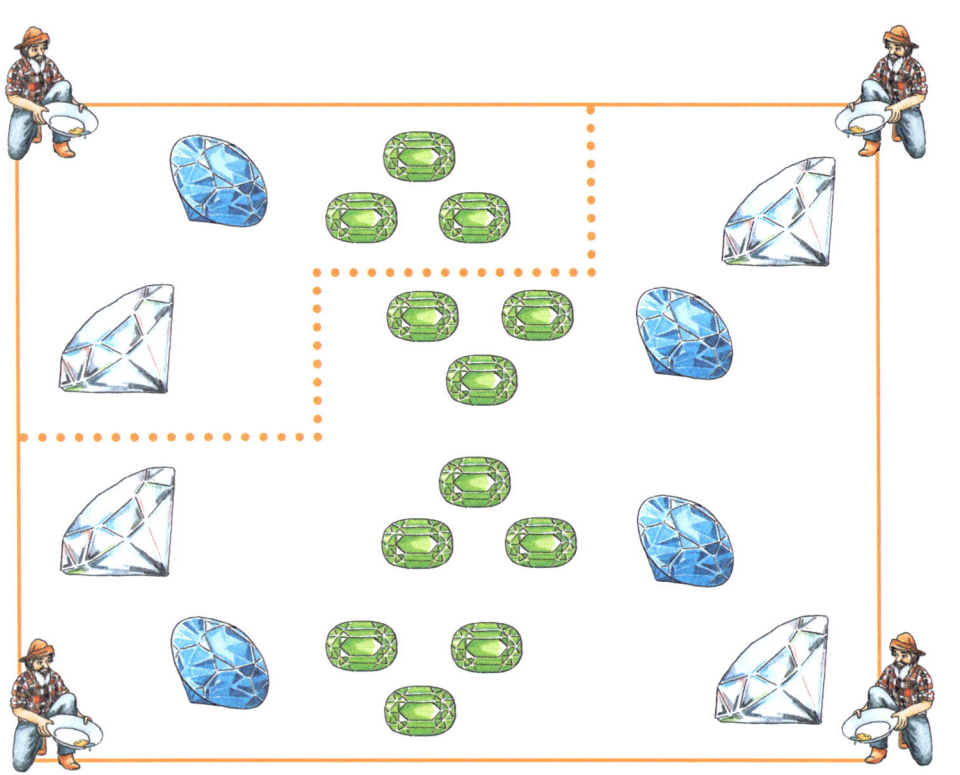

? Vier Brüder haben Edelsteine gefunden. Teile das Grundstück so auf, dass jeder gleich viel Land und gleich viele Edelsteine bekommt!

1

2

3

Stollen wurden früher von den Menschen mit einfachen Werkzeugen in die Erde gegraben. Will man heute an Bodenschätze kommen, übernehmen riesige Maschinen diese schwere Arbeit.

👁 Welches Puzzleteil passt wo ins Bild?

Wimpertierchen, Springschwänze oder Bärtierchen sind kleinste Lebewesen. Schon in einer Handvoll Erde leben unzählige von ihnen.

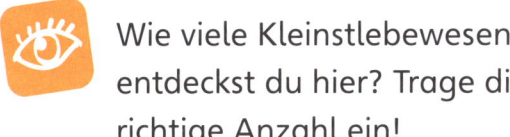

Wie viele Kleinstlebewesen entdeckst du hier? Trage die richtige Anzahl ein!

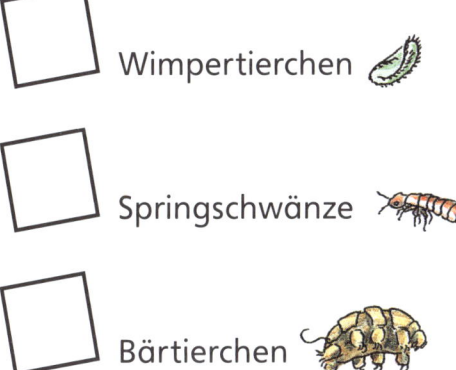

☐ Wimpertierchen

☐ Springschwänze

☐ Bärtierchen

Maulwürfe bauen lange Gänge mit eigenen Bereichen für das Nest, für Abfälle und für ihre Vorräte. Wie viele Regenwürmer kriechen gerade herum?

Gebirge sind dadurch entstanden, dass sich vor sehr langer Zeit zwei Erdplatten übereinander geschoben haben. Die Erdoberfläche besteht aus einzelnen Platten, die zum großen Teil mit Meeren bedeckt sind. Diese Platten können sich auch heute noch leicht verschieben. Wenn zwei Erdplatten aneinander stoßen, gibt es ein Erdbeben oder ein Seebeben.

 Ein Spaziergang in den Bergen. Schau dir die beiden Bilder an und finde die zehn Unterschiede im rechten Bild.

In den Bergen gibt es unter anderem Fels-
und Eishöhlen. Manchmal entstehen auch
Tropfsteinhöhlen: Wenn Wasser durch
Kalkstein rinnt, löst es dabei das Gestein
auf. Das Wasser nimmt das Material mit.
Dabei lagert sich ein dünner Kalkfilm an
den Wänden ab und bildet nach vielen
Tausend Jahren wunderschöne Tropfsteine.

Verbinde die Punkte von
1 bis 18, dann erkennst du,
was der Höhlenforscher
hier bewundert!

Eisbär

Elch

EUROPA

Bison

Grizzlybär

Wolf

NORDAMERIKA

Alligator

Schwertwal

Löwe

AFRIKA

ATLANTISCHER OZEAN

Tukan

Schimpanse

Meeresschildkröte

Ara

Giraffe

SÜDAMERIKA

Anakonda

Ameisenbär

? Weißt du, welche Tiere auf welchen Kontinenten leben? Klebe die Tiersticker an die passenden Stellen! Die Umrisse helfen dir dabei.

Male die Windrose aus!

Pinguin

ANTARKTIKA

12

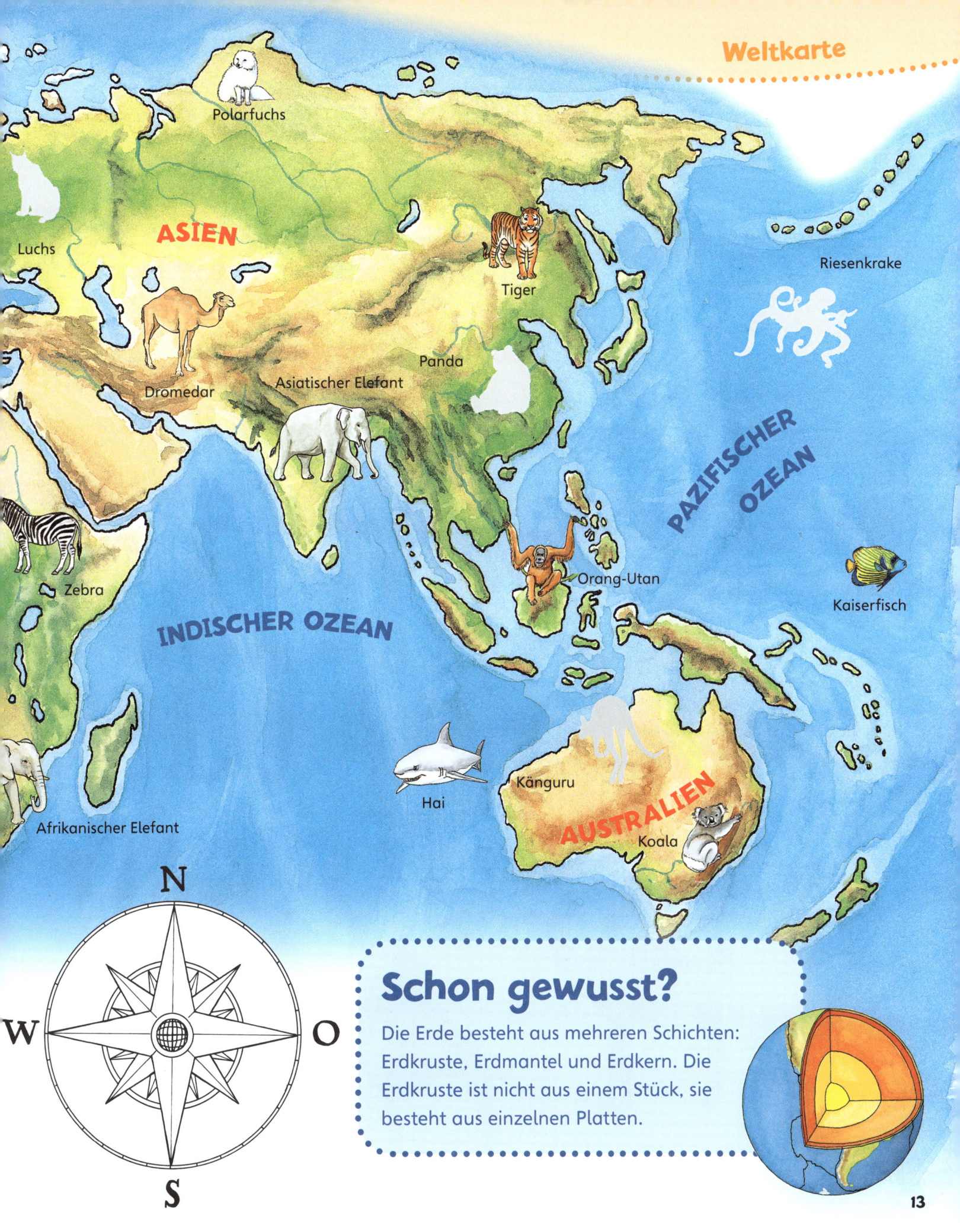

Polarfuchs

Luchs

ASIEN

Dromedar

Asiatischer Elefant

Tiger

Panda

Zebra

Afrikanischer Elefant

INDISCHER OZEAN

Orang-Utan

Hai

Känguru

AUSTRALIEN

Koala

Riesenkrake

PAZIFISCHER OZEAN

Kaiserfisch

N

W   O

S

Schon gewusst?

Die Erde besteht aus mehreren Schichten:
Erdkruste, Erdmantel und Erdkern. Die
Erdkruste ist nicht aus einem Stück, sie
besteht aus einzelnen Platten.

Wüsten sind Landschaften, die durch starken Wassermangel und hohe Temperaturen geformt werden. Am bekanntesten sind Trockenwüsten wie die Sahara. Dort leben die Tuareg. Sie ziehen mit ihren Viehherden als Nomaden durchs Land.

Nur einer der Schattenwürfe passt genau zu diesem Tuareg-Reiter auf seinem Kamel. Welcher?

6

1

5

2

4

3

Male die nächtliche Szene aus der amerikanischen Sonorawüste aus!

Kombiniere – welche Spuren gehören zu welchem Wüstentier aus der Sahara?

A

B

C

D

1) Hornviper   2) Skink   3) Wüstenfuchs   4) Wüstenspringmaus

Tropische Regenwälder

liegen in der Nähe des Äquators. Hier ist es das
ganze Jahr über warm und es regnet sehr oft.
In diesem Klima gedeihen besonders viele Pflanzen-
und Tierarten: Deshalb gibt es hier die größte
Artenvielfalt auf der Welt.

Die Weltkarte zeigt
den Regenwaldgürtel
in Äquatornähe.

Die Yanomami lebten lange Zeit unentdeckt
im Regenwald am Amazonas.

Hilf den beiden Jungen, den Weg durch
das Labyrinth zu ihrem Vater zu finden!

Start

Ziel

Die Tiere des Regenwaldes haben alle ihren eigenen Lebensraum: Manche leben in den Baumkronen, einige in den Ästen, andere Arten haben sich an das Leben am Boden angepasst.

Wo findest du diese Details im großen Bild? Verbinde!

Entdeckst du ein Tier, das gar nicht im Regenwald lebt? Wir haben es acht Mal ins Bild gemogelt.

Tukan

Kolibri

Faultier

Amazone

Grüner Leguan

Totenkopf-äffchen

Tapir

Ewiges Eis

Ewiges Eis bestimmt das Leben an den beiden Polen. In der Antarktis halten sich nur zeitweise Menschen in Forschungsstationen auf. In der Arktis leben die Inuit: Sie überstehen die rauen Bedingungen mit warmer Fellkleidung und besonders nahrhaftem Essen.

 Male die Felder in den angegebenen Farben aus, dann entdeckst du einen Meeressäuger!

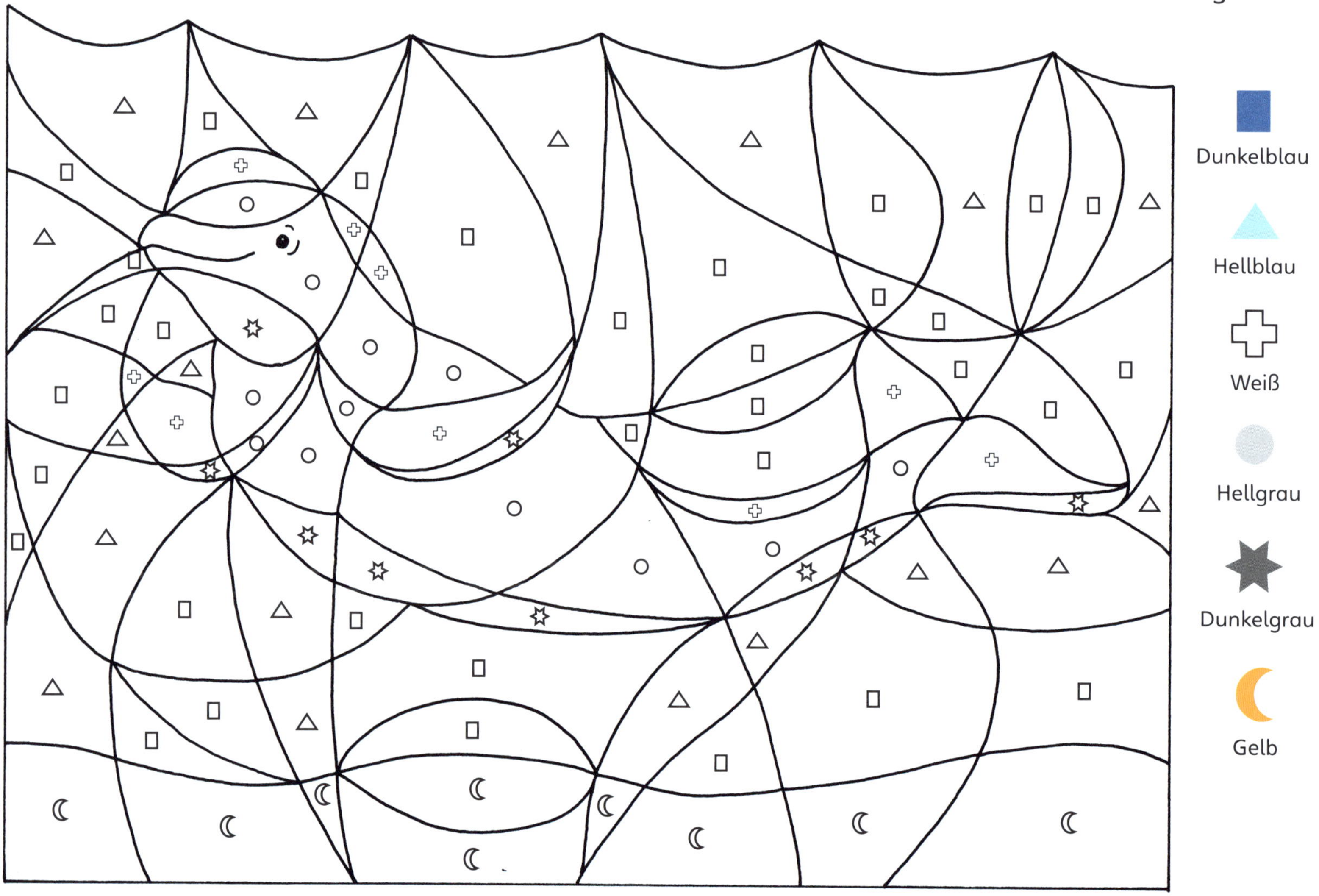

 Dunkelblau

 Hellblau

 Weiß

 Hellgrau

 Dunkelgrau

 Gelb

 Nur zwei der abgebildeten Pinguine sind genau gleich. Welche beiden sind es?

? Weißt du, auf welchem Kontinent diese Tiere leben?
Verbinde das Tier mit einer Linie mit dem passenden Kontinent.

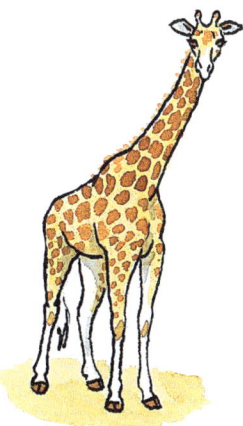

Pandabär   Giraffe   Känguru   Guanako

Australien   Südamerika   Asien   Afrika

Vulkane entstehen an Stellen, an denen die Erdkruste dünn ist oder Risse hat. Dort kann glühendes Magma aus dem Erdinneren als Lava an die Erdoberfläche gelangen.

Welche zehn Fehler haben wir in diesen Vulkanausbruch gemogelt? Kreise sie ein!

Wenn die Platten auf der Erdoberfläche aneinander vorbeigleiten, verhaken sie sich manchmal. Lösen sie sich wieder voneinander, gibt es einen Ruck und die Erde bebt.

Schon gewusst?

Erdstöße können auch einen Tsunami auslösen: Das sind Meereswellen, die sich sehr schnell fortbewegen. An Küsten können sie sich zu meterhohen Wasserbergen auftürmen.

Auch Stürme gehören zu den Naturgewalten. Wie viele Ziegel hat der heftige Wind hier vom Dach gepustet?

Spaziergang im Wald

Mama, Papa, Hanna, Julia und Max machen einen langen Spaziergang.

Neben der Wiese fließt ein  , darin entdeckt Hanna kleine

 . „Schaut mal", ruft Max und zeigt auf zwei  . „Oh wie

schön, die  kommen wieder", sagt Mama. „Im Winter waren sie

weit weg in einem warmen Land. Jetzt ist es auch in Deutschland wieder

warm genug für sie." Der Spazierweg führt weiter in den Wald. Die vielen

 machen Schatten und es ist düster. „Früher war der größte Teil

des Landes auf der  mit Wald bedeckt", sagt Papa. „Und der Wald

war voller wilder Tiere. Sogar  und  gab es in

dieser Gegend." „Schaut mal, da wachsen  ", ruft Julia. „Die lassen

wir aber stehen, die kann man nicht essen", mahnt Mama. Plötzlich hören

sie ein Rascheln in einem  . Max zuckt zusammen: „Vielleicht

---

Bach

Fische

Störche

Bäume

Erde

Bär

Wolf

ist das ein ." Julia meint: „Quatsch, die gibt's hier doch gar

nicht mehr." Wieder ein Rascheln, diesmal kommt es aus einem anderen

. Alle bleiben stehen. „Da lauert vielleicht ein gefräßiger

auf uns", flüstert Hanna und grinst. „Oder ein ,

das gleich losrennt und uns umtrampelt", meint Julia. „Nein, bestimmt

versteckt sich in diesem ein großer, grauer ", sagt

Mama. „Quatsch", meint Papa, „sicher steht da ein ganz harmloses

." Max lacht: „Oder eine ", prustet er heraus. Schließlich

gehen sie weiter. Aber kaum sind sie an dem vorbeigegangen,

da raschelt es nochmal. Max dreht sich um. „Schaut!", ruft er. Aus dem

taucht plötzlich ein auf, dreht sich zu ihnen um und

läuft dann schnell in die andere Richtung davon.

Pilze

Busch

Tiger

Nashorn

Elefant

Kamel

Giraffe

Fuchs

Seite 2

1. Erde, 2. Mars, 3. Neptun

Seite 3

Frühling = Krokus

Sommer = Margerite

Herbst = Herbstaster

Winter = Christrose

Seite 5

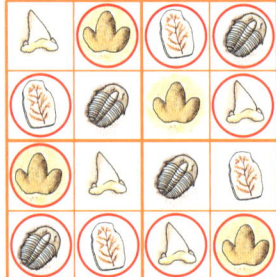

Seite 6

1. Alligator, 2. Trompetenfisch, 3. Karpfen,
4. Tauchboot, 5. Tümmler

Seite 8

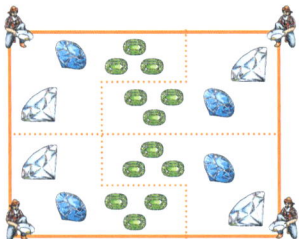

Unten: C 1, A 2, B 3

Seite 9

Oben: Es sind ...

22 Wimpertierchen

14 Springschwänze

11 Bärtierchen

Unten: 13 Regenwürmer kriechen gerade durch den Maulwurfsbau.

Seite 10

Seite 11

Der Höhlenforscher hat die Zeichnung eines Pferdes entdeckt.

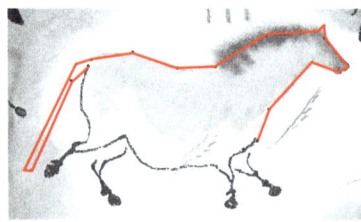

Seite 14

Schatten 2 passt genau zum Tuareg-Reiter.

Seite 15

3 A, 2 B, 4 C, 1 D

Seite 16

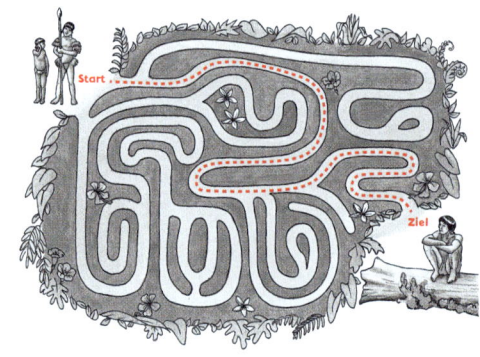

Seite 17

Das Nashorn lebt nicht im Dschungel.

Seite 18

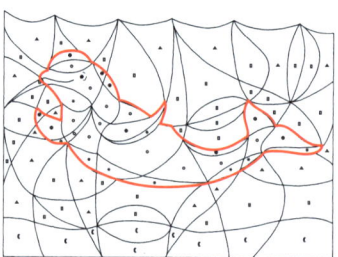

Beluga

Seite 19

Oben: Der zweite und der achte Pinguin sind gleich.

Unten:

Südamerika = Guanako

Asien = Panda

Afrika = Giraffe

Australien = Känguru

Seite 20

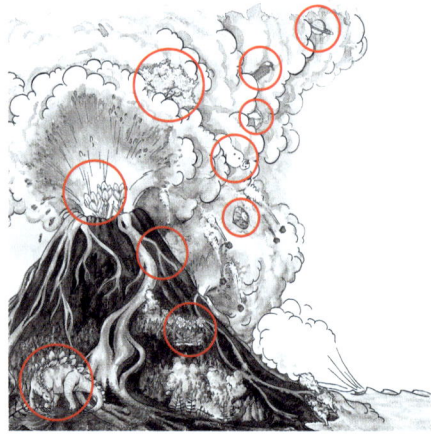

Seite 21

Insgesamt elf Dachziegel hat der Sturm davongefegt.